VOEUX

DES COLONS

DE SAINT-DOMINGUE,

PORTÉS

AU PIED DU TRONE,

ET PRÉSENTÉS, DEPUIS PEU,

A SA MAJESTÉ,

PAR UN DE CES COLONS,

AGISSANT AU NOM DE TOUS.

PARIS,

DE L'IMPRIMERIE DE C. L. F. PANCKOUCKE, RUE POUPÉE, N°. 7.

.1814 (OCTOBRE).

LETTRE

DES

COLONS DE SAINT-DOMINGUE,

A M. LE LIEUTENANT-GÉNÉRAL

DESFOURNEAUX,

MEMBRE DE LA CHAMBRE DES DÉPUTÉS.

Paris, le 15 octobre 1814.

MONSIEUR LE LIEUTENANT-GÉNÉRAL,

Les services essentiels que vous avez rendus à vos concitoyens, dans diverses possessions françaises d'outre-mer, et votre entier dévoûment à la cause des malheureux colons de Saint-Domingue, en vous assurant, à jamais, de grands et légitimes droits sur les cœurs de tous ceux de ces mêmes colons qui ont une ame sensible et reconnaissante, et qui savent vous rendre justice, font, en outre, à ceux-ci, un devoir, aussi doux que facile à remplir, de vous transmettre incessamment, par l'entremise de quelques-uns d'entre eux, copie fidèle, et que vous trouverez ci-incluse, d'une Adresse revêtue de leurs nombreuses signatures, et qui a été, depuis peu, présentée, en leur nom, à Sa Majesté. Parmi d'importantes vérités qu'ils ont pris la liberté d'y mettre sous les yeux du Souverain, ils ont cru devoir, pour le bien général, ainsi que pour leurs intérêts particuliers, vous désigner, comme le Chef, à-la-fois civil et militaire, dont l'expérience, la bravoure, l'activité soutenue, et l'influence acquise sur l'esprit des hommes de couleur et des noirs de Saint-Domingue, peuvent contribuer, avec le plus de promptitude et d'efficacité, au rétablissement instant de cette grande et superbe colonie.

Nous désirons, tous, que les témoignages sincères, d'estime et de considération, que cette Adresse renferme, à votre égard, et qui sont si justement mérités, puissent détruire entièrement d'iniques préventions inspirées par l'envie ou par tout autre sentiment mal fondé. Il nous est agréable, au surplus, Monsieur le Lieutenant-général, de saisir ici l'occasion, qui se présente à nous, de démentir formellement deux imputations calomnieuses et qui attentent à votre réputation, à votre honneur; lesquelles ont été rapportées inconsidérément dans des maisons respectables, et, pour tout dire enfin, sont, peut-être même, parvenues à la connaissance de notre auguste Monarque *.

La première de ces odieuses imputations (que nous ne citons ici, avec peine, que pour les combattre et les anéantir) vous charge d'avoir concouru à diriger les insurrections des hommes de couleur et des noirs à Saint-Domingue : et il est notoire que la première de ces insurrections, celle des hommes de couleur, a eu lieu en 1790, que la seconde, celle des noirs, n'a commencé réellement qu'au mois d'avril 1791, et que vous n'êtes arrivé, pour la première fois, dans cette colonie, qu'en décembre 1792.

La seconde imputation vous charge d'avoir contribué, sous les

---

* Une dénonciation, injurieuse et mensongère, contre M. le général Desfourneaux (dénonciation d'autant plus odieuse, au fond, qu'elle est clandestine), a été remise, depuis peu, à M. le Chancelier de France.

ordres de Polverel et Santhonax, au Cap-Français, à allumer la guerre civile et à incendier cette ville : et il est de fait et à notre connaissance positive, que vous commandiez, alors, cette brave armée qui, dans la province de l'Ouest, et, par conséquent, à soixante lieues, au moins, de l'affreux théâtre où l'on vous fait agir si indignement, se couvrait de gloire, sous vos ordres, en combattant les Espagnols.

Cet hommage rendu à la vérité est, en même temps, un tribut payé, par la reconnaissance, à l'éloquent défenseur du système colonial, et au général habile et courageux qui, dans les combats de Vallière et de Plaisance, fit triompher les armes françaises et conserva Saint-Domingue à la Métropole.

Nous avons l'honneur d'être, avec une haute considération,

Monsieur le Lieutenant-général,

Vos très-humbles et très-obéissans serviteurs.

(*Suivent les signatures.*)

DE NAZON, *Ch.ʳ de S.-Louis, et Propriétaire à St-Domingue.*

BERQUIN, *ancien Magistrat, et Propriétaire à Saint-Domingue.*

Et autres.

ADRESSE

AU ROI.

SIRE,

DANS un moment où la sollicitude paternelle de VOTRE MAJESTÉ n'est occupée que du bonheur de la France, les infortunés Colons de Saint-Domingue viennent déposer, au pied du Trône, l'hommage de leur reconnaissance et de leur amour pour le meilleur des Rois.

La France, essentiellement maritime, trop riche en productions territoriales, pour ne pas être commerçante, trop peuplée, pour concentrer son industrie, trop puissante, pour rester dans l'inertie, attend, avec l'impatience du désir, la restauration de ses Colonies.

C'est à vous, SIRE, qu'elle devra ce bienfait, malgré les efforts d'une fausse politique et l'influence de ces principes erronés qui firent écrouler le Trône, en ébranlant la plus ferme colonne de ce grand édifice. L'époque heureuse est arrivée où le génie actif des Français doit prendre une direction nouvelle, plus compatible avec l'ordre de choses que la sagesse de VOTRE MAJESTÉ prépare à la France. C'est par le renversement des institutions utiles que le caractère des peuples s'est altéré ; c'est par la réaction des principes conservateurs qu'on parvient à rétablir cette harmonie politique, cet équilibre salutaire, bases essentielles de la morale publique et de la sûreté des États.

Vos lumières, SIRE, vos vertus qui brillent avec tant d'éclat, nous rassurent contre l'influence de ces idées, prétendues libérales, qui furent, à Saint-Domingue, pour toutes les couleurs, la source de toutes les calamités. Oui, SIRE, la restauration de nos Colonies est aussi essentielle au bonheur des noirs qu'à celui des blancs : les uns et les autres, victimes d'un système désastreux, verront arriver, avec plaisir, le retour de l'ordre et de cette tranquillité qu'ils ne connaissent plus depuis vingt-cinq ans.

C'est en vain, SIRE, qu'on met en question l'utilité de nos établissemens dans l'Archipel mexicain : tous les obstacles, opposés par l'esprit systématique, disparaissent devant la pureté de vos intentions et la ferme résolution de Votre Majesté, d'assurer le bonheur de tous vos sujets. Il est digne de l'auguste successeur de Louis XVI de faire succéder, à l'état d'exaspération qui a porté les hommes à l'oubli de leurs devoirs, un régime plus conforme au maintien de l'ordre social, plus analogue aux vrais intérêts de tous les membres de la société.

Nos malheurs, pendant les vingt-cinq ans qui viennent de s'écouler, sont indicibles ; mais combien ils ont été adoucis par le spectacle touchant des vôtres, et par la grandeur d'ame de Votre Majesté à supporter l'adversité !

Aujourd'hui qu'un avenir plus heureux se prépare, par les soins du meilleur des Rois, serions-nous les seuls exceptés de la félicité commune ? Condamnés à déplorer la mort de nos parens, la perte de nos propriétés, devrons-nous renoncer à l'espérance de voir un terme à tant de calamités ?

Non, Sire : le cœur sensible et bienfaisant de Votre Majesté est, pour les habitans de Saint-Domingue, le plus sûr garant de l'intérêt qu'Elle daigne prendre à leur infortune : c'est dans vos vertus qu'ils trouvent l'idée consolante d'un avenir plus heureux.

Daignez, Sire, permettre à de fidèles sujets d'exprimer, à Votre Majesté, le désir de voir confirmer, par Elle, le choix que l'opinion a fait du général Desfourneaux pour diriger l'Expédition de Saint-Domingue. La conduite de cet Officier-général dans les missions qui lui ont été confiées, son courage, et ses connaissances locales, le rendent digne

de la confiance de son Souverain et de l'estime de ses concitoyens.

Nous sommes, avec le plus profond respect,

DE VOTRE MAJESTÉ,

SIRE,

Les très-humbles et très-fidèles
sujets.

(*Signé en l'original.*)

Le Marquis DE CHENNEVIÈRES, Ecuyer de MONSIEUR, Propriétaire à Saint-Domingue.

Le Vicomte DE BARENTIN-MONTCHAL, Maréchal-de-camp,
Chef d'escadron de la compagnie Écossaise des Gardes du-
corps du Roi, et Commandeur de l'ordre royal et militaire
de Saint-Louis.

Le Vicomte DE SCÉPAUX, Maréchal-de-camp, Propriétaire à Saint-Domingue.

Le Marquis DE CAUSANS, Lieutenant-général.

Le Marquis DE VARAMBON, Propriétaire à Saint-Domingue.

CHARLES BOUTEILLER, Membre de la chambre des Députés.

Le Comte DE GRAVE.

Le Comte ACHILLE DE SPARRE.

Le Comte DE GRASSE, Colonel des volontaires, grand Propriétaire à Saint-Domingue.

Le Maréchal-de-camp, PÉGOT-DE-LAGRANGE.

Le Chevalier VILLARET DE JOYEUSE, Maréchal-de-camp, Propriétaire à Saint-Domingue.

Le Baron DEURBROUCQ, Membre de la chambre des Députés.

Le Maréchal-de-camp, Chevalier PAGEOT, Propriétaire à Saint-Domingue.

Le Marquis DE SÉGUR.

Le Baron DE FORTISSON, ancien chevau-léger de la Garde du Roi, Propriétaire à Saint-Domingue.

Le Chevalier DE LA BOISSIÈRE, Propriétaire à S.-Domingue.

Le Comte D'ADHÉMAR-LANTAGNAC.

Le Lieutenant-général, BACON DE LA CHEVALERIE.

Le Comte DE CROY, Propriétaire à Saint-Domingue.

BERQUIN (de Saint-Domingue).

Le Chevalier B. DE NAREY , Propriétaire de l'Artibonite , à Saint-Domingue.

LALUNG DE FÉROL , grand Propriétaire à Saint-Domingue.

ROBIOU DE MAREUIL, Chevalier de Saint-Louis, ancien Major, et Propriétaire à Saint-Domingue.

Le Chevalier DE BULIOD DE LA CORÉE , Propriétaire à Saint-Domingue.

J. B. M. DE LA HOGUE , Propriétaire et ancien Conseiller au Conseil supérieur de Saint-Domingue.

Le Chevalier DE BOURNEUF , Chevalier de Saint-Louis, ancien Capitaine , et Propriétaire à Saint-Domingue.

DE NAZON , Chevalier de Saint-Louis , et Propriétaire.

GUILLAUDEU-DUPLESSIS , Conseiller au Conseil supérieur du Cap-Français , et Propriétaire.

Le Chevalier DE LATTRE – DUFART , grand Propriétaire à Saint-Domingue.

Le Chevalier DE GUILLERMIN , Chef d'escadron , Propriétaire à Saint-Domingue.

PIÉCOUR-BELORME , Propriétaire à Saint-Domingue.

CLAUSSON , ancien Magistrat au Port-au-Prince.

ROCQUETTE DE KERGUIOU , Propriétaire, de la dépendance du Cap-Français.

D'ARNAUD , Chef d'escadron, Propriétaire à St-Domingue.

C. DE LA ROCHE, ex-Préfet, et Propriétaire à St-Domingue.

ARMAND, ancien Payeur et Receveur-principal de la Colonie, Propriétaire dans la partie française et espagnole.

NEBLE DE BEAUDRISSON, ancien Sous-Chef des mouvemens au Cap, et Propriétaire.

PASCALIS, Chirurgien-major, et Propriétaire au Port-au-Prince.

LAHÉRARD, Officier de santé des armées, et Propriétaire à Saint-Domingue.

J. CHASSERIAU, Propriétaire.

ROBERT DE LA MAHOTIÈRE, ancien Officier de hussards et Propriétaire.

J. DE LA MARTELLIÈRE, Capitaine de cavalerie, ancien Secrétaire-général du Gouvernement à Saint-Domingue, et Propriétaire.

CAMOIN, Propriétaire à Saint-Domingue.

DEXÉA DE LA LOUVIER, Capitaine de gendarmerie, habitant de Saint-Domingue.

DE LORD, Propriétaire à Saint-Domingue.

DE LA HOGUE, fils, Lieutenant, habitant et Propriétaire à Saint-Domingue.

L. C. LEFEBVRE, Propriétaire.

FAURE, Sous-Inspecteur aux revues, Propriétaire à Saint-Domingue.

Pommereux, ancien Gendarme de la garde du Roi.

J. Lemaire, ex-Greffier en chef, et Propriétaire.

Dubissy, ex-Chirurgien-Major de l'armée de Saint-Domingue, et Propriétaire.

Léger de Bresse, Propriétaire à Saint-Domingue.

Leclerc, ancien Magistrat au Cap, et Propriétaire.

De Ferry Bellemare, ancien Officier, et Propriétaire.

Pour copies certifiées conformes aux pièces originales, par nous, Colons de Saint-Domingue, soussignés, et autorisés à cet effet.
Paris, le 20 Octobre, 1814.

(Signé)

DE NAZON, *Ch^{er}. de l'Ordre royal et militaire de Saint-Louis, et Propriétaire à Saint-Domingue.*	BERQUIN, *ancien Magistrat, et Propriétaire à Saint-Domingue.*

Le tout a été donné à l'impression par M. Berquin (de Saint-Domingue), à titre d'Éditeur. Si ce Colon n'était arrêté par la pensée qu'il serait possible qu'on vînt à lui reprocher, mal à propos sans doute, d'avoir cherché à renforcer, par l'expression isolée de ses sentimens privés d'estime et de gratitude envers M. le général Desfourneaux, celle des sentimens du même genre, développée en commun, avec un ton de franchise et de sensibilité qui émane du cœur, dans la Lettre des Colons de Saint-Domingue, ainsi que dans l'Adresse au Roi, ci-dessus rapportées, il pourrait s'étendre aisément sur une matière qui prête tant à sa plume, et dans une latitude proportionnée au sujet. Mais, contenu par cette idée répressive de l'inculpation qu'on lui ferait, en ce cas, d'un amour propre et d'une personnalité qui lui sont tout

à fait étrangers, et maîtrisant, en conséquence, l'élan de son cœur, il se
tait, en se référant, seulement, au contenu des quatre derniers paragraphes
de son Ecrit publié récemment chez C. L. F. Panckoucke, rue et hôtel Ser-
pente, n°. 16, sous le titre de *Lettre d'un Colon de Saint-Domingue à un
Journaliste français*, etc. Du reste, le pur amour de la justice et de la
vérité, dégagé de tout autre sentiment quelconque, est l'unique motif qui
l'engage à rappeler ici, quant à l'objet dont il est question, cette partie finale
de son dernier opuscule. Eh! que devient, en effet, la petite gloriole d'au-
teur, devant ces deux grands mots, Justice et Vérité?

(*Signé*) BERQUIN (de Saint-Domingue).

FIN.